I0606346

Los zorros voladores

Grace Hansen

Abdo Kids Jumbo es una subdivisión de Abdo Kids
abdobooks.com

abdobooks.com

Published by Abdo Kids, a division of ABDO, P.O. Box 398166, Minneapolis, Minnesota 55439.

Abdo Kids Jumbo™ is a trademark and logo of Abdo Kids.

Printed in the United States of America, North Mankato, Minnesota.

102021

012022

Spanish Translator: Maria Puchol

Photo Credits: Alamy, iStock, Shutterstock

Production Contributors: Teddy Borth, Jennie Forsberg, Grace Hansen
Design Contributors: Dorothy Toth, Pakou Moua

Library of Congress Control Number: 2021939774

Publisher's Cataloging-in-Publication Data

Names: Hansen, Grace, author.

Title: Los zorros voladores/ by Grace Hansen

Other title: Flying foxes. Spanish

Description: Minneapolis, Minnesota: Abdo Kids, 2022. | Series: Animales espeluznantes | Includes online resources and index

Identifiers: ISBN 9781098260712 (lib.bdg.) | ISBN 9781098261276 (ebook)

Subjects: LCSH: Flying foxes--Juvenile literature. | Fox bats--Juvenile literature. | Bats--Juvenile literature. | Nocturnal animals--Behavior--Juvenile literature. | Spanish language materials--Juvenile literature.

Classification: DDC 596.018--dc23

Contenido

El zorro volador

El zorro volador vive en zonas cálidas con bosques. Pueden verse en Indonesia, Madagascar o Australia.

Indonesia
Madagascar
Australia

El zorro volador es en realidad un murciélago. Se le puso ese nombre porque su cabeza es como la de un zorro. Tiene la nariz puntiaguda, los ojos grandes y orejas cortas y tiesas.

Hay más de 60 **especies** diferentes de zorros voladores. Unos son más grandes que otros.

Las **especies** más grandes de zorros voladores tienen alas muy grandes. ¡La **envergadura** de estas alas puede medir más de 4 pies (1.2 m)!

Aunque los zorros voladores son grandes, no pesan mucho. La mayoría pesan sólo 3 libras (1.4 kg).

Su ligero peso y las alas tan grandes les permiten poder volar. Los murciélagos son los únicos **mamíferos** capaces de **mantener** el vuelo.

Alimentación

Los zorros voladores son conocidos como megamurciélagos. Eso significa que consumen una gran variedad de frutas. Aunque su comida favorita son las flores y su **néctar**.

Posarse para descansar

Los zorros voladores suelen **posarse** para descansar todos juntos. Se cuelgan de las ramas de los árboles usando sus grandes dedos de los pies. Se cuelgan boca abajo.

Crías de zorro volador

Las crías de zorro volador se aferran a sus madres fuertemente. Éstas las cargan durante 4 ó 5 semanas, después pesan demasiado. A las 12 semanas, los jóvenes ya pueden volar y buscar alimento solos.

Más datos

- Los grandes ojos de los zorros voladores les permiten ver por la noche.
- Los zorros voladores son importantes para el entorno donde viven. Ayudan a diseminar semillas, lo que ayuda a replantar los bosques.
- En una noche un zorro volador puede esparcir hasta 60,000 semillas.

Glosario

envergadura – distancia entre las puntas de las alas de un ave.

especie – grupo específico de organismos vivos, con similitudes y capacidad de reproducirse entre ellos y no con otros grupos.

mamífero – animal de sangre caliente, con esqueleto y pelo en la piel. Las hembras cuando son madres producen leche para alimentar a sus crías, las cuales nacen vivas.

mantener – continuar haciendo algo.

néctar – jugo azucarado que generan las plantas para atraer a los insectos, pájaros, entre otros animales.

posarse – reposar y descansar, los murciélagos lo hacen en grupo.

Índice

¡Visita nuestra página **abdokids.com** para tener acceso a juegos, manualidades, videos y mucho más!

Los recursos de internet están en inglés.

Usa este código Abdo Kids

SFK2491

¡o escanea este código QR!